VENTE

DU MARDI 15 MAI 1900

Hôtel Drouot, Salle nº 9

ESTAMPES

ET

PORTRAITS

Relatifs au Théâtre

CARICATURES, MODES, COSTUMES

Tableaux

DESSINS & AQUARELLES

MAI 1900

CATALOGUE

DES

ESTAMPES

RELATIVES AU THÉATRE

Portraits

CARICATURES. MODES. COIFFURES

Costumes. Travestissements

PIÈCES SUR LES BALLONS ET LES MONTAGNES RUSSES

Tableaux

DESSINS ET AQUARELLES

Le tout appartenant à M. L.

Artiste dramatique.

DONT LA VENTE AUX ENCHÈRES PUBLIQUES AURA LIEU

HOTEL des COMMISSAIRES-PRISEURS, Rue DROUOT Nᵒ 9

Salle Nᵒ 9

Le Mardi 15 Mai 1900

à deux heures précises.

Par le Ministère de Mᵉ **Léon TUAL**, Commissaire-priseur,
56, Rue de la Victoire, 56.

Assisté de **M. Paul ROBLIN,** Marchand d'Estampes, 65, Rue Saint-Lazare, 65.

MAI — 1900

CONDITIONS DE LA VENTE

Elle sera faite au comptant.

Les acquéreurs paieront *cinq pour cent* en sus des prix d'adjudication.

M. Paul Roblin, expert chargé de la vente, se réserve la faculté de rassembler ou de diviser les lots.

ORDRE DE LA VACATION

Estampes.	Nᵒˢ 42 à 143
Dessins et Aquarelles	Nᵒˢ 11 à 41
Tableaux.	Nᵒˢ 1 à 10
Estampes.	Nᵒˢ 144 à 266

L'ordre numérique sera suivi.

DÉSIGNATION

TABLEAUX

BOILLY (Louis)

1 — Portrait de Madame Chénard, de l'Opéra Comique. Trompe-l'œil.

> Toile. Signé. 1813.

BOILLY (attribué à Louis)

2 — Le Peintre aîné et Guillemain dans le *Dîner de Madelon*

> Toile.

BONNART

3 — Un Bal à l'hôtel de Bourgogne donné par les Artistes de la Comédie Italienne.

> Toile, cadre ancien en bois sculpté.

COYPEL (attribué à Charles)

4 — Portrait d'Adrienne Lecouvreur en costume de Tragédie.

> Toile.

DROLLING (attribué à)

5 — Portrait de Madame Saint-Huberti, en costume de tragédie.

> Toile. Cadre en bois sculpté.

DUCREUX

6 — Son portrait peint par lui-même.

Toile ovale. Cadre en bois sculpté.

ÉCOLE FRANÇAISE

7 — Portrait de Potier, rôle de Ferulini dans le *Chaperon rouge*.

Toile.

GÉRARD (François)

8 — Portrait de Madame Dugazon.

Toile.

LE PAULE (G.)

9 — Portrait de Madame Julia Grisi.

Toile. Signé.

VESTIER

10 — Portrait de Michu, dans le rôle de Blaise de l'Opéra Comique, *Blaise et Babet*.

Toile, ovale.

DESSINS

ET

AQUARELLES

BONNET

11 — Portrait de la Champmeslé, en tragédienne.

Aquarelle ; encadrée.

COCHIN (Ch. N.)

12 — Portrait de Mlle Clairon.

Au crayon noir rehaussé de blanc. Cadre en bois sculpté.

DANTAN Jeune

13 — Portraits-charges de Victor Hugo, Paul Foucher, Dragonetti, Ponchard, Ligier, Rachel, Panseron, Bériot, Tamburini, Santini, etc. Douze dessins pour ses plâtres.

A la mine de plomb.

DEVÉRIA

14 — Costumes d'opéras. Seize dessins.

Aquarelles.

DRANER

15 — Costumes de Théâtre. Quatre dessins.

A l'aquarelle.

ÉCOLE FRANÇAISE

16 — Portrait de Caillot, en costume de marquis.

Aquarelle ; encadré.

EDEL

17 — Costume militaire Vénitien. XVIe siècle.

Aquarelle. Signée et encadrée.

FIORENTINO

18 — Fiorentino, célèbre critique dramatique, dessiné par lui-même.

Au crayon noir. Signé.

GAVARNI

19 — Costume de Mercédès, pour la pièce de *Monte-Cristo*, de Dumas père. Théâtre historique.

Aquarelle. Signée.

GÉRARD

20 — Costume d'Araldi dans *les Scandinaves*.

Aquarelle. Signée.

GIRAUD (E.)

21 — Portrait d'Alexandre Dumas père, en costume d'intérieur. Vers 1840.

Aux crayons de couleurs. Cadre en bois sculpté.

GRATIA

22 — Portrait de Lafont, du Théâtre des Variétés.

Au crayon noir rehaussé de blanc. Signé. Encadré.

JOLY

23 — Hôtel de Mlle Mars. — Madame Angot au sérail. Deux dessins.

A la plume, rehaussés d'aquarelle.

LUCAS

24 — Ballerines (Eden-Théâtre).

Aquarelle. Signée.

MALEUVRE

25 — Costumes d'acteurs et d'actrices. Huit dessins.
   A l'aquarelle.

MARCELLIN

26 — Deux jockeys.
   Aquarelle. Signée.

27 — *Belval* (Mlle), sœur de Mlle Sylli, dans un rôle de diablesse au Théâtre de la Porte-Saint-Martin.
   Aquarelle, encadrée.

MÉLINGUE

28 — Portrait de Lassouche dans le rôle du brigand Zanalès, de Salvator Rosa.
   Dessin aux crayons de couleurs fait en scène en cinq minutes. Signé, encadré.

MONNIER (Henry)

29 — Son portrait dans le rôle du Roman chez la portière.
   Aquarelle.

30 — Portrait de Poirier, du Théâtre du Palais-Royal.
   Aquarelle. Signée : *Lyon, juillet 1842.*

PUNT (J).

31 — Frontispice allégorique avec portrait de Louis XIV.
   Au lavis d'encre de chine.

THÉATRE (Dessins sur le)

32 — Un admirateur de Rachel. Portraits de Favart, Lablache, Bernard Lévis, etc. Cinq dessins par Myrbach, Carle, Wille et Vigneron.
   A la pierre noire et à l'aquarelle.

33 — Costumes d'Acteurs et d'Actrices, par Alfred Albert, E. Giraud, H. Lecomte, Victor Dollet.
   Quatre aquarelles.

THÉATRE (Dessins sur le)

34 — Costumes d'acteurs, par H. Ballue, Gray, Job, Cornillet et autres.

Six dessins et aquarelles.

35 — Costumes et Portraits-charges, par L'Héritier, Le Prince, Carmontelle, etc. Ving-huit dessins.

Aquarelles.

36 — Loge de Théâtre. — Portraits d'actrices par Carle, Boucher, Noguès et Blatier.

Quatre dessins.

37 — Portraits de Goldoni. — Pietz. — Costumes de femmes, par Carmontelle, Giraud et autres.

Quatre dessins.

38 — Portraits de Préville, Mme Katoly, Mlle Mars, par Carmontelle et autres.

Trois dessins.

39 — Portraits d'acteurs par Henry Monnier, L. Boulanger, L'Héritier et Gérard Fontalard.

Cinq dessins à l'aquarelle.

VAN LOO

40 — Portrait de Madame Saint-Huberty.

Aux crayons de couleurs, encadré.

WILLE (P. A.)

41 — Portrait de Clairval de l'Opéra-Comique.

A la sanguine, encadré.

ESTAMPES

ALBUM JAPONAIS

42 — Acteurs et Jongleurs. Vingt pièces coloriées.

ALIX (P. M.)

43 — *Préville* (P. L. Dubus), acteur ; in-4, avec scènes au bas.

> Très belle épreuve en couleurs, marges.

44 — *Saint-Aubin* (Mme) de l'Opéra-Comique, d'après Garneray ; in-4, en couleurs.

> Très belle épreuve encadrée.

ALLAIS

45 — La Belle nourrice, d'après Brun.

> Belle épreuve en couleurs, marges.

ANONYME

46 — *Henri III*, Roy de France, représenté avec une grande fraise ; in-4.

> Belle épreuve.

BALLONS (Pièces sur les)

47 — L'Avenir. — La Minerve. Deux aquarelles par V. Nehlig.

48 — La Minerve Vaisseau aérien, d'après Dunker.

> Belle épreuve, coloriée et encadrée.

49 — Expérience du globe aérostatique de MM. Charles et Robert au Jardin des Tuileries, le 1ᵉʳ décembre 1783. — Entrée de Louis XVIII. — Les frères Montgolfier. — L'Ecole des Beaux-Arts. Quatre pièces.

> Epreuves en noir et coloriées.

BALLONS (Pièces sur les)

50 — Representation of the air Baloon of Mr Montgolfier in the Field of mars, Near Paris, 1783.

    Belle épreuve, rare.

51 — Alarme générale des habitants de Gonesse. — La Place des Victoires à Paris. — M. Charles aux Tuileries. — Vue de la Prairie de Nesle, etc. Six pièces.

    Epreuves en noir et coloriées

52 — Parachute d'un auteur dramatique. (Le Gout du jour n° 8). — Affiche. — Portrait de Montgolfier., etc. Sept pièces dont un dessin.

    Epreuves en noir et coloriées.

53 — Vues d'optique avec aérostats. Trois pièces.

    Epreuves coloriées.

54 — Coiffures à la Montgolfier. — Ascensions militaires. — Projet de descente en Angleterre. Cinq pièces.

55 — Ascension des Frères Robert, aux Tuileries. Quatre pièces par Sergent, Cheveau et De Launay.

    Belles épreuves, une est avant la lettre.

56 — Ascensions aérostatiques les plus remarquables par A. M. Perrot ; in-fol.

    Epreuve encadrée.

BASSET (à Paris chez)

57 — Bobèche sur la parade au Boulevard du Temple.

    Belle épreuve coloriée.

BENJAMIN

58 — Grand chemin de la postérité. Lithog. gr. in-fol. en larg.

    Belle épreuve encadrée.

59 — Le Panthéon charivarique. Quatre-vingts portraits-charges.

    Epreuves avec le texte au verso.

BERTALL

60 — Les Communeux de Paris, 1871. Types, Physionomies, Caractères. 35 planches en album in-4, cart. toile.

BINET

61 — Vignettes du Paysan et de la paysane pervertie, relatives au Théâtre. Neuf pièces.

Belles épreuves.

BOCHARD (Louis)

62 — *Privat d'Anglemont* (Alex.). In-8, eau-forte d'après le croquis d'Alexandre Leclerc.

Deux épreuves sur papier de Chine. (Tirage à 30 exempl.).

BOILLY (Louis)

63 — Les Grimaces et les doubles Grimaces. Quatre-vingts lithographies in-4 en album, d.-rel. v. fauve.

Très belles épreuves à toutes marges.

64 — Les Grimaces. Cinquante lithographies in-4 en album, dem.-rel. v. fauve.

Belles épreuves coloriées à toutes marges.

65 — Les Conseils maternels. — L'Evanouissement, Deux pièces par Tresca.

Belles épreuves avec la lettre grise. Marges.

66 — Les figurantes. - – Le Deuxième Mois. — La famille Africaine, Trois pièces des Grimaces.

Belles épreuves coloriées.

67 — Spectacle gratis. — L'Effet du Mélodrame. Deux lithographies.

Très belles épreuves. Grandes marges

68 — Réunion de 35 Têtes diverses. — Marche Incroyable. Deux pièces.

Belles épreuves, une est de la réimpression.

BOILLY (Louis)

69 — Savoyards montrant la marmotte. — Embrasse-moi ma
sœur. — C'est ma bonne maman. — Les Époux heureux.
Spectacle gratis. — Le déménagement. — Le Jeu de
Billard. — Réjouissances publiques, etc. Dix pièces.

BOILLY. LE PRINCE

70 — Le Départ. — Le Retour. — Le Mendiant. — La Vielleuse. — Sujets Russes. Dix pièces.

Belles épreuves dont quatre coloriées.

BONNART, TROUVAIN

71 — *Bade* (Princesse de). — *Guéménée* (Princesse de). —
Marguerite de Lorraine. — *Toulouse* (Comtesse de). —
Costumes. Six pièces.

Épreuves en noir et coloriées.

BONNET (L.)

72 — *Duval* (Mme) actrice. — Tête de femme en médaillon.
Deux pièces.

Belles épreuves en couleur.

73 — Tête de femme. — Académies. Trois pièces à la sanguine, d'après Leclerc et Lagrenée.

Belles épreuves, marges.

BOUCHER, FRAGONARD (d'après)

74 — Jupiter et Danaë. — Vénus à la Coquille. Deux pièces
par Caniel et Demarteau.

Épreuves en couleurs, une est remargée.

BRACQUEMOND (Félix)

75 — *Astruc* (Zacharie), sculpteur. (H. B. 9)

Très belle épreuve du 1er état non terminé, rare.

CARICATURES

76 — Le Bon Genre. Nᵒˢ 6, 17, 32, 45, 49, 50, 52, 73, 91, 96, 103, 106, 109, 111, 112, 115. Seize pièces.

Belles épreuves coloriées, la plupart à toutes marges.

77 — Le Suprème Bon-Ton. Nᵒˢ 2, 3, 10, 17. Quatre pièces.

Belles épreuves coloriées.

78 — Garde à vous, nᵒ 2 et nᵒ 3. — Le Bon Genre. — Le Coup de Vent. Quatre pièces.

Belles épreuves coloriées.

79 — Les Effets de la Vaccine. — Chapeau de paille, Robe de mousseline sur un transparent. — Officier prussien. Trois pièces par Gatine, Debucourt, etc.

Épreuves coloriées.

80 — La Promenade à la plaine des Sablons. — La leçon de Danse. — La Jolie marchande de Bonet du Boulvart. — Si tu veux !... — Une Robe de satin et pas de chemise... Cinq pièces.

Epreuves coloriées.

81 — Caricatures et Sujets variés par H. Vernet, Madou, Bellangé, Daumier, Cham, etc. Dix-sept pièces.

Epreuves en noir et coloriées.

82 — Caricatures et Scènes de mœurs par Gavarni, Traviès, Pigal, Boilly, Monnier et autres. Cinquante-six pièces.

Epreuves en noir et coloriées.

83 — Les Communeux. — Le fils du Père Duchêne, etc. Quarante-trois pièces par Pilotell, Blondeau et autres.

84 — Caricature du *Figaro*, nᵒ 3. — Sujets divers. Trois pièces par Traviès.

Epreuves coloriées.

CHAM

85 — Costumes d'acteurs et d'actrices. Dix pièces en noir.

Epreuves avant la lettre.

CHAM

86 — Les Tortures de la Mode. Vingt-cinq lithographies en recueil.

    Avec la couverture de publication.

87 — Les Tortures de la Mode. Vingt-cinq lithographies; in-4, cart.

88 — Quatorze albums illustrés.

CHARLET

89 — Scènes militaires. — Sujets d'albums. Trente-cinq lithographies.

    Epreuves à grandes marges.

90 — Scènes populaires. — Sujets d'enfants. — Scènes et costumes militaires. Quarante-huit lithographies.

    Epreuves avec marges.

CHOFFARD (P. P.), COCHIN (C. N.)

91 — Statue de Louis XV. — Vues de Reims. Trois pièces gr. in-fol.

    Belles épreuves.

CLAESSENS

92 — Aspettare, d'après Coclers.

    Très belle épreuve avant toutes lettres. Marges.

COMPTE-CALIX

93 — Six tableaux de Compte-Calix. Scènes coloriées de la Bonne Compagnie Parisienne ; gr. in-4 oblong, br.

COSTUMES, MODES, COIFFURES

94 — Modes et coiffures Louis XVI, par Desrais et Duhamel. Cinq pièces.

    Epreuves en noir et coloriées.

COSTUMES, MODES, COIFFURES

95 — Dame de qualité coiffée par Léonard. — Les grasses et les maigres. — Les Anglais à Paris. Trois pièces.

    Belles épreuves.

96 — Coiffures de 1792. Dix pièces in-18, par Chodowiecky.

    Belles épreuves.

97 — Costume du matin. — Costume de campagne. Deux pièces publiées chez Martinet.

    Belles épreuves coloriées.

98 — Costume Parisien de 1800 à 1820. Cent dix pièces.

    Epreuves coloriées.

99 — Le Goût du jour n° 1. — Ah quel Pantalon !!! — Ah quels chapeaux !!! Deux pièces.

    Belles épreuves coloriées.

100 — Modes Anglaises. Epoque du 1er Empire. Seize pièces.

    Epreuves coloriées.

101 — Modes Anglaises. Quatorze pièces in-8.

    Epreuves coloriées.

102 — Habillements et costumes par Gavarin, H. Monnier, Pauquet, etc. Cinquante pièces sur bois.

    Epreuves coloriées.

103 — Costumes de tous les pays. 95 feuilles coloriées en album dem. rel. m. rouge.

    Publié à Munich.

104 — Costumes militaires Français et Etrangers. — Costumes divers. Cinq pièces par Philippotaux, Compte-Calix, etc .

    Epreuves coloriées.

105 — Modes excentriques, par Philippon, Gérard-Fontalard Rambaud, Vernier, etc. Seize pièces.

    Epreuves en noir et coloriées.

COSTUMES. MODES. COIFFURES

106 — Modes diverses par Lanté, Janet, Debucourt, Vernet, etc. Soixante-trois pièces.

Epreuves coloriées.

107 — La Mode Artistique. Quarante-huit pièces par Gustave Janet.

Epreuves coloriées.

COURVOISIER (d'après)

108 — Vues des Théâtres de l'Ambigu-Comique et de la Gaieté. — Odéon. — Opéra Comique. — Opéra. Quatre pièces.

Epreuves coloriées à toutes marges.

COUTELLIER

109 — *Contat* (Mlle). De la Comédie Française. Dans le rôle de Suzanne, du *Mariage de Figaro*.

Belle épreuve en couleur du 1e état ; encadré.

110 — *Ménier* (Joseph) — *Carlin Bertinazzi*. Deux portraits in-4.

Belles épreuves en couleurs, dont une du 1er état.

CRIC et CRAC

111 — Guide comique de l'Etranger à Londres. Dessins de M. Cric. Texte de M. Crac, in-4 br., couverture illustrée.

DARJOU

112 — Costumes Bretons. Vingt-cinq pièces.

Epreuves coloriées.

DAULLÉ (J.)

113 — Favart (Mlle), in-fol. en pied. (D. 18).
Très belle épreuve du 1er état avant l'adresse du graveur et avant la légende : *Portrait en pied de Mlle Favart*. Très rare.

DAUMIER (II.)

114 — Le Vrai Fumeur. — La renommée des Glaces Deux pièces.

> Belles épreuves, modèles de coloris.

115 — Les Gens de Justice. — Personnages politiques. — Planches tirées du Journal *La Caricature*. Trente-sept pièces.

> Epreuves en noir et coloriées.

DEBUCOURT (P. L.)

116 — *Joly*, acteur du Vaudeville. (Fenaille 394).

> Belle épreuve coloriée et encadrée.

117 — Le Gourmand (498).

> Très belle épreuve en couleur du 2e état. Marges.

118 — *Chénard*, acteur, d'après Boilly (511).

> Très belle épreuve du 1er état avant toute lettre. Marges.

DICKINSON (W.)

119 — Conversazione, d'après H. Bunbury.

> Très belle épreuve imprimée en bistre. Marges.

DIVERS

120 — Catherine Mignard. — Fouquet de Belle-Isle. — La mère aveugle. — Marie d'Orléans. Cinq pièces in-fol. d'après Reynolds, Rigaud, etc.

> Belles épreuves. Deux sont avant la lettre.

121 — Fleurons, Vignettes, Armoiries. Trente pièces.

122 — Portraits gravés au Physionotrace. — Vignettes, par Eisen, Callot, Picart. Trente pièces.

> Bonnes épreuves.

123 — Estampes, par ou d'après Rubens, Martini, Choffard, Mallet, Van der Werff, etc. Neuf pièces.

DIVERS (suite)

124 — Peintres anciens et modernes. Dix-neuf portraits.

125 — Personnages célèbres gravés par Duflos, Bloemaert, Houbraken, Lubin, Edelinck, etc. Vingt-cinq portraits.
Belles épreuves.

126 — Personnages historiques gravés par De Marcenay, Suyderhoff, Chereau, Roger, Monsaldy, etc. Trente portraits in-8 et in-4.
Belles épreuves.

127 — Portraits et sujets de genre par Winterhalter, Gavarni, Géricault, etc. Dix pièces.

128 — Sujets et Personnages historiques, gravés par Choffard, Della Bella, Duplessis-Bertaux, etc. Vingt-quatre pièces.

129 — Vignettes, costumes et sujets gracieux, par Gravelot, Moreau le jeune, etc.
Belles épreuves.

DOLLET (Victor)

130 — Portraits d'acteurs et d'actrices. Quinze pièces.
Belles épreuves coloriées.

DORÉ (Gustave)

131 — The Rime of the Ancient Mariner, par Samuel Coleridge. Quarante planches en album, cart. toile.

ÉCOLE ANGLAISE

132 — Bachelor of Arts. — Miss Farren. — Eugénie Prosper. Trois portraits.
Epreuves coloriées.

133 - La Leçon de Physique. — *Acland* (Sir Thomas Dyke). —*Pell* (Robert). — The Baring Family. Quatre pièces d'après Reynolds, Francis et Lawrence.
Belles épreuves.

ÉCOLE ANGLAISE

134 — Portraits, costumes et caricatures. Neuf pièces.
> Epreuves en noir et coloriées.

135 — Portraits de Dames et de Littérateurs, Hommes politiques, Acteurs et Actrices, etc. Trente et une pièces.
> Belles épreuves.

ÉCOLE FRANÇAISE DU XVIIIᵉ SIÈCLE

136 — La partie d'œufs frais.
> Très belle épreuve.

137 — Portrait de Louis XVI. — Portraits de femmes. Quatre pièces.
> Epreuves en couleurs.

138 — Estampes par ou d'après Boucher, Perelle, Bérain, Lallemand, etc. Huit pièces.
> Bonnes épreuves.

ESTAMPES JAPONAISES

139 — Sujets de Théâtre. Huit pièces anciennes.

FONTALARD (Gérard)

140 — Aujourd'hui. Bulletin des Modes Ridicules. Suite de douze lithographies in-4 cart.
> Belles épreuves coloriées.

FRAGONARD (Honoré)

141 — L'Armoire. 1778.
> Très belle épreuve avec l'adresse de Naudet, marges.

FRAGONARD (d'après H.)

142 — La cachette découverte, par R. de Launay le jeune.
> Très belle épreuve avec la lettre grise, marges.

GATINE

143 — Costumes de Normandie. — Bouquetière de Paris. Six pièces d'après Vernet et Lanté.
> Belles épreuves coloriées.

GAVARNI

144 — Par ci, par là. Œuvres nouvelles. Cent lithographies in-4, demi-rel. chag.

145 — Œuvres choisies. La Vie de jeune Homme. — Les Débardeurs. 80 planches gr. in-8 br., couverture illustrée.

146 — Les apprêts du Bal. — Le Journal des Modes. — Le maître de musique. — L'Etude de Paysage. — La sortie du Bois. — Les Anes. - Une Roue dans le fossé. - La Recherche de l'Inconnu, etc. — Dix pièces.

    Belles épreuves, rares.

147 — Les Douze mois, dernière œuvre. *Paris, Aug. Marc, 1869* ; in-4 cart.

148 — Les Invalides du sentiment. Trente lithographies in-4, cart. toile.

149 — Journal des Gens du Monde. Modes, 1834. Quatorze pièces.

    Epreuves coloriées.

150 — Musée du Costume. Trente pièces.

    Epreuves coloriées.

151 — Nouveaux Travestissements. Soixante pièces.

    Belles épreuves coloriées, rare.

152 — Les Parents terribles. Vingt-neuf lithographies in-4 en album, cart. toile.

153 — Pièce à tiroir. — Sujets de bal masqué ; Huit pièces.

    Epreuves en noir et coloriées.

154 — Planches extraites du Journal *La Caricature*. — La Boîte aux lettres. — Les Actrices. — Les Etudiants de Paris, etc. Vingt pièces.

    Epreuves coloriées.

155 — Politique des femmes. — Les Artistes. — Fourberies de femmes. — Impression de ménage. — Nuances du sentiment, etc. Soixante pièces.

    Epreuves coloriées.

GAVARNI

156 — Travestissements parisiens. Dix pièces.

Epreuves coloriées.

157 — Sujets de Carnaval. Vingt-quatre pièces.

Epreuves coloriées.

158 — Sujets variés. Lithographies et gravures sur bois. Soixante pièces.

Epreuves en noir.

GAVARNI (d'après)

159 — Douze Travestissements gravés par Porlier ; in-4, cart. toile.

Epreuves coloriées.

GAVARNI, GRANDVILLE

160 — Planches tirées du Journal, *La Caricature*. Fashionables. Sujets variées. Dix pièces.

Epreuves en noir et coloriées.

GILLRAY

161 — Lady Godina's Rout. — Wrestling with the Sinner. — The Sinner on the Cutty-Stool. Trois pièces.

Epreuves coloriées.

GRÉVEDON (H.)

162 — Têtes de fantaisie. Huit lithographies.

Belles épreuves.

163 — Portraits d'acteurs et d'actrices. Vingt-cinq lithogra-graphies in-4.

Belles épreuves, une est coloriée et plusieurs sur papier de Chine.

GRÉVIN (A.)

164 — Costumes de théâtre. Vingt-sept planches, en album in-4, cart. toile.

GRÉVIN (A.)

165 — Les filles d'Eve. Vingt-quatre illustrations en album in-4 obl. cart. toile.

Epreuves coloriées.

166 — Les Nouveaux travestissements parisiens. Vingt planches coloriées en album in-4, cart. toile.

HUET (d'après J.-B.)

167 — La Belle Cachette.

Belle épreuve en couleur du 1er État. Sans marges encadrée

168 — Tête de femme (n° 691), gravé aux crayons de couleurs, par Bonnet.

Très belle épreuve encadrée.

ISABEY (d'après I.)

169 — *Dugazon* (Mme), actrice, par Monsaldi.

Superbe épreuve avant toutes lettres, imprimée en couleurs. Grandes marges.

JANINET

170 — Les Trois Grâces, d'après Pellegrini.

Très belle épreuve en couleurs, avant la guirlande, encadrée.

JOB

171 — Le Grand Napoléon des petits enfants. Trente-cinq planches coloriées, album in-4 obl.

KLEER (D.)

172 — *Charles Ier*, Roy d'Angleterre ; in-4, cadre orné.
Belle épreuve.

LACAUCHIE

173 — Galerie Dramatique. Soixante-dix pièces.
Epreuves coloriées.

LECOMTE (H.)

174 — Costumes d'acteurs et d'actrices. Vingt-cinq pièces.
  Epreuves coloriées, la plupart à toutes marges.

LECOMTE (H.), VIZENTINI

175 — Recueil des costumes de tous les ouvrages dramatiques représentés avec succès sur les grands théâtres de Paris. Trente-trois pièces.
  Belles épreuves coloriées, à toutes marges.

LECOMTE (P.)

176 — Concert du faubourg St-Germain. — Bal de la Courtille. — Bal de Sceaux. — Le Repas de Noces. — Querelle de Rodomont et de Sacripant. — Raccommodement de Sacripant et de Rodomont. Six pièces.
  Belles épreuves coloriées. Marges.

LEFUEL (Musée)

177 — Portraits d'Acteurs et d'Actrices des Théâtres de Madame, Porte Saint-Martin, Ambigu, Gymnase, Opéra-Bouffe, Nouveautés, Opéra-Comique, Feydeau, etc. Quarante et une pièces.
  Epreuves coloriées.

178 — Portraits d'Acteurs et d'Actrices des Théâtres des Variétés, du Vaudeville, Panorama dramatique, Théâtre Français, Odéon, etc. Quarante-six pièces.
  Epreuves coloriées.

LEVACHEZ

179 — Ah ! c'est bien ça ! d'après Carle Vernet.
  Belle épreuve en couleurs, avant les noms d'artistes, encadrée.

LORRAINE (De)

180 — *Manville*, comédien ; in-fol.
  Très belle épreuve avec la faute au mot peintre.

LORSAY (d'après Eustache)

181 — Portraits d'acteurs et actrices. Dix-huit pièces, gravées par Collette.
  Epreuves sur papier de Chine.

LOUIS XVI ET FAMILLE ROYALE

(Pièces relatives à)

182 — Abschied der Kœnigin Marie-Antoinette von hirer Familie, gravé par J. F. Bolt, d'après Ramberg, ovale in-fol.

Belle épreuve, grandes marges.

183 — *Louis XVI*, in the Temple at Paris. — *Marie-Antoinette* late Queen of France in the prison of the Conciergerie. Deux pièces ovales faisant pendants gravées par C. Venzo et Zaffonato.

Belles épreuves en couleurs, grandes marges.

184 — *Louis XVI* par Romanet. — *Provence* (Cte de), par Boizot. — *Conty* (Pce de), par Romanet. Trois portraits in-4.

Belles épreuves, une est avant la lettre.

185 — *Marie-Antoinette.* — *Provence* (Ctesse de). — *Marie-Thérèse-Charlotte.* — *Choiseul* (Duc de). — Le Dernier compagnon du jeune Roi Louis XVII. Cinq pièces par Boizot, Voyez le jeune, etc.

Belles épreuves.

186 — Famille Royale, Scènes et Portraits. Sujets divers. Vingt-huit pièces.

MARIETTE. BONNART

187 — Actrice de l'Opéra. — Habit de tailleur. — Homme de qualité sur le théâtre de l'Opéra, etc. Huit pièces.

Epreuves en noir et coloriées.

MARTIN (J.-B.)

188 — Indienne. Costume d'Opéra.

Belle épreuve coloriée encadrée.

189 — Sylphe. — Paysan galant. Deux pièces de costumes de ballets.

Belles épreuves coloriées.

MARTINET (à Paris chez)

190 — Un Anglais d'aujourd'hui. — Un Anglais d'autrefois. Deux pièces du Musée Grotesque.
>Epreuves coloriées à toutes marges.

191 — La Chinoise de province et son magot, ou le bon goût transplanté.
>Très belle épreuve coloriée.

192 — Costumes d'acteurs et d'actrices. Cinquante pièces.
>Epreuves coloriées, la plupart à grandes marges.

193 — Acteurs et actrices. Quarante pièces.
>Belles épreuves coloriées, la plupart à toutes marges.

MAURIN (N.)

194 -- Sujets galants et scènes gracieuses. Cinq lithographies.
>Epreuves coloriées, sans marges.

MONNIER (Henry)

195 — Distractions. -- Impressions de voyages. — Chansons de Béranger. Douze lithographies.
>Epreuves coloriées.

MONTAGNES RUSSES

196 — La Curiosité anglaise ou le danger des Montagnes Russes. — La vogue des Montagnes. Deux pièces.
>Très belles épreuves coloriées.

197 -- La Course des Montagnes Russes à Paris. — Montagnes Beaujon. Deux pièces.
>Epreuves en noir et coloriées.

198 — Promenades aériennes. — Montagne artificielle de Belleville. N°s 102 et 105 du Bon Genre.
>Belles épreuves coloriées.

199 — Les Montagnes Russes du Vaudeville.
>Belle épreuve coloriée.

MONTAGNES RUSSES

200 — Saut du Niagara. Folie du jour dessinée d'après nature au Jardin Ruggiery, rue St-Lazare.

Belle épreuve coloriée à toutes marges.

201 — Promenade aérienne du Jardin Beaujon. Folie du jour, dessinee d'après nature. Barrière de Neuilly.

Belle épreuve coloriée à toutes marges.

202 — Délassements militaires.

Belle épreuve coloriée.

MORIN (Edmond)

203 — Ces bons Parisiens. Vingt lithographies en album cart.

Belles épreuves coloriées.

NICHOLSON (William)

204 — An Alphabet illustré ; in-4 cart.

NILSON (F. E.)

205 — Cartouches modernes, avec des différentes figures. — Scènes de théâtres. – Les mois de l'Année. Dix-huit pièces.

Belles épreuves.

PARIS (Pièces sur)

206 — Grandes vues de Paris dessinées et gravées par Milcent, 1786. Quatre pièces.

Belles épreuves.

207 — Vue du Théâtre de l'Ambigu-Comique, Boulevard du Temple. — Waux-hall d'Eté, Boulevard St-Martin. Deux pièces rondes d'après Testard.

Belles épreuves en couleurs, encadrées.

208 — Vues de Paris en médaillons, par Sergent, Le Campion et autres. Quatorze pièces en couleurs.

Quelques épreuves avec marges.

PARIS (Pièces sur)

209 — La Fontaine des Innocents. — Théâtre Français. —
Les Invalides. — La Place Dauphine, etc. Sept pièces par
Sergent, Janinet et autres.

> Epreuves en noir et en couleurs.

210 — Le Jardin du Palais-Royal. — Vue du Palais de Justice.
— Pont Louis XVI. — Place des Vosges. Quatre pièces
en couleurs par Janinet et Le Campion.

> Belles épreuves

211 — Vues et monuments de Paris, par Th. de Leu, Callot
et autres. Quinze pièces.

> Quelques-unes sont rares.

212 — Nouveau plan de Paris et de ses faux-bourgs 1767. —
Les environs de Paris à 3 lieues à la ronde. — Carte de
France. Trois pièces.

> Epreuves coloriées.

213 — La colonnade du Louvre. — Projets de monuments.
— Photographies. Huit pièces.

PAUQUET

214 — Modes et costumes historiques. 95 planches coloriés en
album in-4, rel. chag. rouge.

215 — Modes et costumes historiques étrangers. 95 planches
coloriées en album in-4, rel. chag. rouge.

216 — Modes et costumes historiques et étrangers. Soixante-
douze pièces.

> Epreuves coloriées.

PIGAL

217 — Mœurs parisiennes. Cinquante-deux lithographies in-4
cart.

> Epreuves coloriées.

218 — Scènes de Société. — Scènes populaires. — Mœurs
parisiennes. Vingt lithographies.

> Epreuves coloriées, la plupart à toutes marges.

RANSONNETTE (N.), VAN LOO

219 — Mars et Vénus. — Vénus présente à Mars son fils. — Vénus et Adonis. Trois pièces.

Belles épreuves, une est avant la lettre.

RÉVOLUTION (Pièces sur la)

220 — *Charlotte Corday.* — *Orléans* (Duc d'). — *Necker.* — *Louis XVII*, etc. Quatorze sujets et portraits.

Belles épreuves en noir et en couleur.

221 — *Necker.* — *Orléans* (Duc d'). — *Assas* (Le Chevalier d'). Trois portraits in-8 et in-4.

Épreuves en couleurs.

RIGAUD, CARMONTELLE

222 · Vues de Meudon, Versailles, Parc Monceau, etc. Huit pièces.

Belles épreuves.

SAINT-AUBIN, GAUCHER

223 — *Denis* (Mme), nièce de Voltaire. — *Gillet* (Le Mᵃˡ des Logis). *Mondonville* (de). – *Dumont.* Quatre portraits in-8 et in-4.

Belles épreuves.

SAND (Maurice)

224 — Masques et Bouffons. Quarante-huit pièces.

Épreuves coloriées.

SAUGRAIN (Mlle), NÉE

225 — Vue du Jardin de Bagatelle près Paris. — Vues de Versailles et de Trianon. Trois pièces d'après Moreau et Lespinasse.

Belles épreuves, deux sont avant la lettre.

SCHALCK (E.)

226 — Naturgeschichte des Menschen. *Francfort, s. d.*, in-4 cart.

Figures coloriées.

THÉATRE (Pièces sur le)

227 — Portraits de Mlle Dejazet, par Lacauchie, Maleuvre,
V. Dollet, L. Noël, Gavarni, etc. Trente pièces.

  Épreuves en noir et coloriées.

228 — Portraits de Pitrot, Joly et Mlle Cuisot. Trois pièces
par Monnier, Vernet, etc.

  Épreuves en noir et coloriées.

229 — Portraits de Debureau, Mazurier et Bardou, par Aubry,
Lacauchie, Bardou jeune, Monnier, etc. Quatorze pièces,
dont un dessin.

  Épreuves en noir et coloriées.

230 — Portraits de Potier, des Variétés. Vingt pièces différentes, publiées chez Martinet.

  Épreuves en noir et en couleurs.

231 – Portraits de Potier, des Variétés. Cinq pièces différentes.

  Épreuves coloriées, rares.

232 — Portraits de Mme de Saint-Aubin, De la Chantrie,
Mlle Georges, Bourgoin, Taglioni. Quatre portraits in-
folio.

  Belles épreuves.

233 — Correspondance théâtrale de Perlet. Quarante costumes
d'acteurs et d'actrices.

  Belles épreuves en noir et coloriées, la plupart à toutes
  marges.

234 — Portraits de MM. Lekain, Ricco, Molé, Mmes de Saint-
Huberti, Georges, Duchesnois, Fodor, Mante, Raucourt,
Joly, Gauthier, etc. Vingt pièces in-4 et in-8.

  Épreuves en noir et en couleurs.

235 — Portraits de Mlle Renaut l'aîné, Mlle Maillard et
Rosalie Levasseur. Trois pièces.

  Belles épreuves.

236 — Portraits de Mme Favart, par Boucher, Chenu, Cochin,
Pruneau, etc. Sept pièces in-4 et in-8.

  Belles épreuves.

THÉATRE (Pièces sur le)

237 — Portraits de Mmes Albani, Taglioni, Lola-Montès, Mars, Raucourt, Fay, Doche et autres. Treize pièces in-4.
Belles épreuves.

238 — Portraits d'actrices, par Lanté, Draner, B. Roubaud, Martinet, etc. Quinze pièces.
Épreuves coloriées.

239 — Actrices Anglaises Portraits de Sir Joshua Reynolds. Cinq pièces.
Épreuves en noir et une coloriée.

240 — Acteurs et Actrices par Vernet, Janinet, Isabey, etc. Dix pièces en noir et en couleurs.
Belles épreuves.

241 — Portraits d'actrices, par Grévedon, Maurin, Vigneron, Devéria, L. Noël, Alophe, L. Viardot, Gavarni, etc. Quinze pièces.
Belles épreuves.

242 — Portraits d'Acteurs et d'Actrices par X. Le Prince, Lacauchie, L. Noël, Gavarni, Devéria, Vigneron, Signy, etc. Cinquante pièces.
Épreuves en noir et coloriées.

243 — Portraits d'Acteurs et d'Actrices.— Scènes de théâtre, par Lacauchie, E. Lorsay, Hadol, Bertall, etc. Quarante pièces.

244 — Portraits d'Acteurs, par Vigneron, Benjamin, Alophe et Lacauchie, publiés dans la *Galerie de la Presse* et le *Corsaire*. Vingt-cinq pièces.
Belles épreuves.

245 — Portraits d'Actrices, par H. Vernet, Vigneron, F. Girard, Joly, Chasselat et autres. Vingt-cinq pièces.
Épreuves en noir et coloriées.

246 — Portraits d'Acteurs, par Madou, Raffet, V. Dollet, Matis, Sorel, Devéria, Julien, Noël, Benjamin. Quarante pièces.
Belles épreuves. Plusieurs sont rares.

THÉATRE (Pièces sur le)

247 — Portraits d'Acteurs et Actrices. Titres de Romances, par C. Nanteuil, V. Dollet, L. Noël, Leroux, E. Lorsay, etc. Trente pièces.

Epreuves en noir et coloriées.

248 — Portraits d'Acteurs et d'Actrices par Collin, Fauconnier, Favart, Vizentini, Devéria, V. Dollet, H. Lecomte, A. Constant, etc. Cinquante-cinq pièces.

Epreuves en noir et coloriées.

249 — Portraits d'Acteurs et Actrices, par Carjat, Gavarni, L. Noël, E. Giraud et autres. Vingt-deux pièces.

Belles épreuves.

250 — Actrices et scènes de théâtre. Neuf pièces par Duplessis-Bertaux, Binet, Largillière, etc.

Belles épreuves

251 — Théâtre anglais. Acteurs et Actrices, Jeu de Billard. Douze pièces.

Epreuves en noir et coloriées.

252 — Acteurs du Théâtre Italien. — Dominique chez Santeuil. — Le tableau magique. — Décors de théâtre en Hollande, etc. Six pièces.

Belles épreuves une est imprimée en couleurs.

253 — Le Boulevard du Temple. Trois pièces.

Epreuves en noir et coloriées.

254 — Spectacle Français. — Fanchon la Vielleuse. — Sylvain. Quatre pièces par Watteau, Schenker et Bertau.

Belles épreuves.

255 — Jeu des acteurs. — Portraits. — Affiches. — Programmes. — Charges. — Allégories. Vingt-six pièces.

Epreuves en noir et coloriées.

256 — Portraits et scènes de Théâtre, par Duplessis-Bertaux, Taunay, Aubry, Lemoine, Ruotte, etc. Sept pièces.

Belles épreuves

257 — Duguay-Trouin, prisonnier à Plymouth. — Mimi Dupuis et Mazurier dans Mandrin. — Perlet dans le Comédien d'Etampes. Trois pièces.

Epreuves coloriées, rares.

THÉATRE (Pièces sur le)

258 — Théâtre Anglais et Italien. Neuf portraits in 8 et in-4.

Épreuves en noir et en couleurs.

259 — Vues des principaux Théâtres de Paris. Quinze pièces par Cochin, Testard, Schmidt, Ransonnette, Lallemand, etc.

Belles épreuves.

260 — Vues, Plans et Élévation des principaux Théâtres de Paris. Vingt-cinq pièces.

VAUTIER

261 — Galerie de Debureau, composé et dessiné par Vautier. Deux épreuves.

En noir et coloriée.

VERNET (Carle)

262 — Mr des Fadaises. — Mlle des Fleurettes. Deux caricatures parisiennes publiées chez Martinet.

Belles épreuves coloriées à toutes marges.

VIGNETTES

263 — En-têtes et fleurons, vignettes, portraits, par B. Picart, Eisen, H. Monnier, etc. Quarante pièces.

WATTEAU (d'après Ant.)

264 — Figures de différents caractères gravées par Huquier, Filloeul, Cte de Caylus, etc. Six pièces.

Belles épreuves.

265 — Les portefeuilles de la collection.

266 — Un chevalet et deux X.

GRANDE IMPRIMERIE DU CENTRE. — HERBIN, MONTLUÇON.